mela

appel

pera

peer

arancia

sinaasappel

limone

citroen

uva

druiven

fragola

aardbei

cocomero

watermeloen

cocco

kokosnoot

banana

banaan

lampone

framboos

kiwi

kiwi

ciliegia

kers

mirtillo

bosbes

prugna

pruim

pesca

perzik

fico

vijg

ananas

ananas

mango

mango

cachi

kaki

cavolfiore

bloemkool

zucchina

courgette

melanzana

aubergine

carota

wortel

patata

aardappel

cavolo

kool

pomodoro

tomaat

spinacio

spinazie

broccolo

broccoli

piselli

erwten

zucca

pompoen

zucca pepona

flespompoen

avocado

avocado

carciofo

artisjok

fungo

paddenstoel

ravanello

radijs

aglio

knoflook

cipolla

ui

barbabietola

biet

porro

prei

peperone

paprika

peperoncino

chili peper

asparago

asperge